LE DÉRIVATIF,

COMÉDIE EN UN ACTE, MÊLÉE DE COUPLETS,

par M. Auguste Arnould,

REPRÉSENTÉE, POUR LA PREMIÈRE FOIS, A PARIS, SUR LE THÉATRE DU VAUDEVILLE, LE 29 DÉCEMBRE 1841.

PERSONNAGES.	ACTEURS.	PERSONNAGES.	ACTEURS.
M. TRUCHON.	M. Amant.	PIERRE, domestique.	M.
FAVEL, étudiant en médecine. . .	M. Félix.	VOISINS.	
ERNEST DE MONGIRON.	M. Philippe.	MARIANNE, femme de Truchon. .	Mlle L. Fontenay.

La scène se passe dans une petite ville de province.

NOTA. Les personnages sont placés en tête de chaque scène en commençant par la droite de l'acteur. Les changemens de position sont indiqués par des notes au bas des pages.

Un salon donnant sur un jardin dans la maison de Truchon. Portes au fond, portes latérales ouvertes. A droite, une porte fermée. A gauche, porte d'entrée de la salle de billard. A droite, une table.

SCÈNE PREMIÈRE.

TRUCHON, MARIANNE.

Ils entrent par la gauche en se disputant.

MARIANNE.

Dieu de Dieu! que vous êtes ennuyant!

TRUCHON.

Hein?

MARIANNE.

Eh bien, quoi, hein? Je dis que vous êtes ennuyant parce que vous êtes ennuyant.

TRUCHON.

C'est justement ça que vous ne devriez pas dire.

MARIANNE.

C'est justement ça que vous ne devriez pas être.

TRUCHON.

Une petite paysanne que j'ai épousée!...

MARIANNE.

Tiens! croyez-vous pas qu'on aurait voulu de vous autrement? Et pis, j'sais bien pourquoi vous m'avez épousée.

TRUCHON.

Une fille à qui j'ai donné mon nom!...

MARIANNE.

Un beau cadeau!... il est joli votre nom!... Truchon...

TRUCHON.

Ah ! je crains bien d'avoir fait une sottise !

MARIANNE.

J' suis ben sûre de ce que j'ai fait, moi... voilà la différence.

TRUCHON, *suppliant.*

Voyons, Marianne, je t'en prie, sois gentille ; ne donne pas de chagrin à ton petit mari. Tu n'es jamais de bonne humeur avec moi.

MARIANNE.

Le moyen d'être gaie ?

TRUCHON.

Tandis que moi je désire te plaire. Que peux-tu me reprocher ?

MARIANNE.

Oh ! rien.

TRUCHON.

Est-ce que je ne suis pas naturellement un mouton pour la douceur ?

MARIANNE.

Ah ! ça, c'est vrai que vous avez un caractère égal... vous grognez toujours.

TRUCHON.

Parce que je suis jaloux.

MARIANNE.

C'est pas ma faute. Quand on me trouve jolie, je fais la révérence, et je dis : Merci. Pardine ! faut-il pas que j'sorte avec un voile comme les Turkesses, ou, pour me faire défigurer, que j'aille me mettre la tête dans une ruche à abeilles ?

TRUCHON.

J'en serais désolé... Mais je trouve que tu fais la révérence et que tu dis merci trop souvent. Tiens, par exemple, monsieur Ernest de Mongiron, le neveu du préfet...

MARIANNE.

Est-ce que c'est pas vous qui m'a recommandé de le bien accueillir ?

TRUCHON.

Oui.

MARIANNE.

De lui témoigner de l'amitié ?

TRUCHON.

J'en conviens ; mais...

MARIANNE.

J' faisais pas seulement attention à lui ; c'est vous qui me l'a vanté, qui m'a dit qu'il était aimable tout plein, et aujourd'hui vous me bougonnez parce que j'ai du plaisir à le voir ! C'est vrai qu'il est gentil, qu'il est bien habillé, et qu'il parle joliment... D'abord, moi, j'aime les gens distingués... qui ont des manières... et vous auriez vu comme j'aurais tenu votre maison à Paris... si vous ne refusiez pas de m'emmener quand vous serez nommé député. J' sais ben qu'il me manque quelque chose ; je m'exprime pas encore comme les belles dames ; mais monsieur Ernest m'a dit qu'il m'apprendrait la grammaire, enfin qu'il me mettrait au courant.

TRUCHON.

Madame Truchon, c'est moi seul qui dois vous mettre au courant.

MARIANNE.

Pisque c'est dans votre intérêt que je prends des leçons .. Monsieur Ernest m'a dit que vous seriez député aujourd'hui même, que ça ne peut pas vous manquer... Il vous a tant recommandé à son oncle le préfet !...

TRUCHON.

Certainement je désire représenter mon pays... j'en suis digne, je paye le cens... mais je ne veux pas que ce soit aux dépens de mes droits de mari... ça n'aurait plus de sens. J'aime à croire, Marianne, que vous ne connaissez pas le danger : je vous le signale, et je vous prie de l'éviter.

MARIANNE.

Eh ben, c'est bon : on lui tournera le dos quand il viendra, monsieur Ernest.

TRUCHON.

Du tout. Il faut lui faire bonne mine, l'appeler notre ami, notre protecteur jusqu'à ce soir, jusqu'à ce que j'aie été nommé. Dans deux heures ont lieu les élections dans la maison à côté, et si vous n'étiez pas aimable avec monsieur Ernest, il a un moyen de me nuire, comme il m'a servi ; car c'est grâce à lui que son oncle le préfet appuie et a promis de faire triompher ma candidature.

MARIANNE.

Eh bien, rassurez-vous, hérisson ; je serai aimable, excessivement aimable avec monsieur Ernest.

TRUCHON.

Mais je ne vous dis pas d'être excessivement aimable.

MARIANNE.

Donnez-moi votre mesure, alors.

TRUCHON.

Mais, mon Dieu, Marianne, ce sont des choses que le tact et le goût indiquent.

MARIANNE.

Voyons un peu. S'il m'offre son bras ?

TRUCHON.

Vous pouvez l'accepter.

MARIANNE.

Bon. S'il presse le mien ?

TRUCHON.

C'est un jeune homme trop bien élevé pour se permettre...

MARIANNE.

C'est qu'il se l'a permis déjà.

TRUCHON.

Vraiment ?

MARIANNE.

Mais s'il y revient encore, je le fiche à la porte.

TRUCHON.

Non. Vous voulez donc me perdre !

MARIANNE.

Bon. On l'y laissera presser à ce jeune homme.

TRUCHON, *à part.*

Quelle position que la mienne, entre deux candidatures !

MARIANNE.

Et s'il veut m'embrasser ?

TRUCHON.

Il n'ira pas jusque-là.

MARIANNE.

Il n'ira pas?

TRUCHON.

Non.

MARIANNE.

Eh bien, hier, il a voulu y aller... je l'ai re-
poussé.

TRUCHON.

Bien.

MARIANNE.

Il s'est fâché.

TRUCHON.

Ah! mon Dieu!

MARIANNE.

Et il m'a dit que si je le repoussais encore aujourd'hui il se brouillerait avec vous.

TRUCHON.

Ciel!

MARIANNE.

Mais ça m'est égal, je le repousserai.

TRUCHON.

Non. Vous voulez donc me compromettre!

MARIANNE.

Bon. On le laissera embrasser, ce jeune homme.

TRUCHON.

Si, par exemple, il s'avisait de vouloir passer
oes limites?

MARIANNE.

Son compte est clair : je lui flanque une gifle.

TRUCHON.

Non. Vous fuirez ; vous irez vous enfermer dans
votre chambre.

ENSEMBLE.

Air : *Oui, hâte-toi, je t'en prie* (Manche à manche).

MARIANNE.

Je vais faire ma toilette,
Monsieur, et vous promets bien
D'être prudente et discrète
Et de fuir tout entretien.

TRUCHON.

Entre nous la paix est faite,
Mais vous me promettez bien
D'être prudente et discrète
Et de fuir tout entretien.

Elle sort.

SCÈNE II.

TRUCHON, *seul.*

Pourvu encore qu'elle fuie, qu'elle aille s'enfermer... Fatale ambition! devenir député!...
C'est honorable! c'est un titre, une sinécure, ça
me fera une occupation. Il y a à la chambre des
gaillards qui parlent bien, d'anciens avocats, ça
doit être amusant de les entendre. Et puis les
ministres vous donnent la main... Il n'y a pas à
dire, ils vous donnent la main. Mais si pour avoir
cet honneur ma femme passait les limites! Une
fois député, je ne crains plus rien, je deviens in-
violable... il faut une autorisation de la chambre.
Mais jusque là... c'est qu'on se moquerait de moi
dans le pays, je recevrais des charivaris... Et pour

éviter cet affront, je donnerais mille francs... que
dis-je mille francs... je donnerais mille écus.

SCÈNE III.

FAVEL, TRUCHON.

FAVEL, *qui est entré par le fond, et qui a entendu
les derniers mots de Truchon.*

J'accepte. Je venais vous les demander.

TRUCHON.

Tiens! c'est toi, Favel, mon cousin!

FAVEL.

Votre neveu à la mode de Bretagne. Comment
vous portez-vous?

TRUCHON.

Mal, mon garçon, mal.

FAVEL.

Tant mieux, ça me regarde, moi qui suis médecin, étudiant en médecine; vous allez grossir la
liste de mes clients. (*A part.*) Il sera le premier
et le dernier peut-être.

TRUCHON.

Qu'est-ce qui t'amène?

FAVEL.

Le désir de vous voir, ainsi que votre femme,
que je ne connais pas encore.

TRUCHON, *soupirant.*

Ma femme... Ah!

FAVEL.

Vous soupirez!... Est-ce qu'elle est malade
aussi?

TRUCHON.

Elle se porte à merveille.

FAVEL.

Et vous, qu'est-ce que vous avez?

TRUCHON.

J'ai des inquiétudes...

FAVEL.

Il faut prendre des bains pour vous calmer.

TRUCHON.

Ce n'est pas cela... Des inquiétudes morales.

FAVEL.

Bah!

TRUCHON.

Des tourments... des craintes...

FAVEL.

Sur votre fortune?

TRUCHON.

Non.

FAVEL.

C'est juste, puisque vous disiez tout à l'heure
que vous donneriez mille écus... Pourquoi don-
neriez-vous mille écus? si je pouvais, en les ac-
ceptant...

TRUCHON.

C'était une manière de parler... il ne dépend
pas de toi.

FAVEL.

Dites toujours ; j'ai de la bonne volonté.

TRUCHON.

Regarde-moi. Si au lieu d'être mon neveu tu
étais ta tante, crois-tu que tu m'aimerais?

FAVEL.

D'amour?

TRUCHON.

Oui.

FAVEL.

Je n'en sais rien. (*A part.*) Il faut être poli. (*Haut.*) Je comprends votre affaire, mon oncle; vous êtes jaloux. (*Truchon fait signe que oui.*) C'est bien fait.

TRUCHON.

Plaît-il?

FAVEL.

Vous vous mariez à cinquante ans avec une jeune fille, car vous m'avez écrit qu'elle est jeune, au lieu de rester garçon, de vivre dans votre famille, auprès de moi, par exemple, qui suis médecin... je vous aurais soigné gratis... vous m'auriez laissé votre fortune.

TRUCHON.

Que veux-tu? l'ambition!

FAVEL.

L'ambition! vous avez épousé la fille d'un meunier.

TRUCHON.

Mais elle était riche sans le savoir.

FAVEL.

Comment?

TRUCHON.

Le père de Marianne n'avait pas le sou, c'est vrai; mais j'appris par hasard, et d'une manière certaine, qu'un de ses frères, qui avait quitté le pays dans sa jeunesse, et dont on n'avait plus entendu parler, s'était enrichi en Allemagne, où il venait de mourir subitement, célibataire et sans enfants. Marianne était sa seule héritière, il lui laissait dix mille livres de rente.

FAVEL.

Et vous avez été le premier à lui apprendre cette bonne nouvelle?

TRUCHON.

Du tout! je n'ai rien dit. Tu sais que dans une malheureuse spéculation sur les écrevisses en gros, j'avais perdu la plus grande partie de ma fortune. Il y eut cette année-là une épidémie affreuse sur les crustacées...

FAVEL.

Et ça ne vous a pas tué?

TRUCHON, *naïvement.*

Non, mais j'ai été bien malade. Il ne me restait que quatre mille livres de rente. Pas moyen d'être député, je n'avais plus le cens. Qu'est-ce que je fis alors pour le ravoir? j'offris ma main à Marianne. Elle ne savait rien encore de son héritage, j'étais un parti magnifique pour elle... elle devenait une dame. Par vanité elle accepta. Un mois après la noce, elle apprit qu'elle était une riche héritière.

FAVEL.

Et depuis elle a su que vous étiez instruit de tout avant le mariage?

TRUCHON.

Oui. Quand je l'ai épousée, entre nous, ce n'est pas elle que j'aimais; l'amour m'est venu plus tard, à mesure...

FAVEL.

Qu'elle vous détestait?

TRUCHON.

Précisément.

FAVEL.

C'est toujours ainsi que les choses se passent. Et quel est le galant qui vous menace?

TRUCHON.

C'est là que l'histoire se complique. J'ai fait la connaissance d'un jeune homme, monsieur Ernest de Mongiron, le neveu de notre préfet; il vient me voir tous les jours. Moi, naturellement, j'ai dit à ma femme de le bien recevoir, d'être aimable avec lui...

FAVEL.

Et vous trouvez qu'elle a trop bien suivi la recommandation? Eh bien, il faut le prier de ne plus revenir.

TRUCHON.

Mais c'est de lui que dépend en partie mon élection; il a parlé de moi à son oncle, il s'est donné un mal pour ma candidature!... Il y a plus, il peut me perdre. J'ai une opinion sincère, je puis le dire, inébranlable, éclairée... Depuis quatre ans je suis abonné au même journal... mais autrefois j'en recevais un qui ne pensait pas de même, et moi je pensais comme lui. J'ai eu la bêtise dans ce temps-là, avant l'affaire des écrevisses, d'écrire une lettre... comme qui dirait une profession de foi... (*à l'oreille*) radicale. Cette lettre est entre les mains d'un journaliste qui me l'avait dictée et qui pourrait la rendre publique. Alors, tu conçois, va te promener ma nomination; de blanc je deviendrais noir. Heureusement monsieur Ernest est un des amis du journaliste, il l'a prié de ne point faire usage de cette lettre, de la lui envoyer, et il doit la recevoir aujourd'hui même. Tu comprends?

FAVEL.

Je comprends que si vous expulsez monsieur Ernest, vous n'êtes pas nommé, et si vous ne l'expulsez pas, vous..... C'est clair comme le jour. Vous tenez beaucoup à être député?

TRUCHON, *naïvement.*

Je ne pourrais pas vivre sans ça.

FAVEL.

Alors il faut vous résigner.

TRUCHON.

Merci.

FAVEL.

C'est un sacrifice à faire à la patrie.

TRUCHON.

Bien obligé.

FAVEL.

Parlons sérieusement. Vous avez peur, voilà tout.

TRUCHON.

Oui. Il n'y a encore rien de grave.

FAVEL.

Quels indices avez-vous de leur intelligence?

avez-vous surpris des regards, des lettres, des déclarations?

TRUCHON.

Monsieur Ernest voit ma femme tous les jours ; il lui donne le bras, il veut l'embrasser, et ce matin j'ai trouvé dans un album qu'il lui a donné, des vers.

FAVEL.

Des vers !

TRUCHON.

Ce n'est pas que Marianne soit en état de les trouver bons ou mauvais... mais il la compare à la lune ; ça flatte une femme.

Il tire l'album de sa poche.

FAVEL.

Voyons. (*Il prend l'album et l'ouvre.*) Un portrait !...

TRUCHON.

C'est celui de Marianne. Monsieur Ernest l'a priée de poser avant-hier ; il l'a croquée.

FAVEL, *lisant.*

« Avant de vous connaître, ô mon aimable brune !
» Dans la nuit de mon cœur j'errais comme un proscrit ;
» Je vous vois, et soudain de cette sombre nuit
» Par vos brillants attraits vous devenez la lune. »

Détestable ! (*Il pose l'album sur la table à droite*. A Truchon, en avançant la main.*) Mon oncle...

TRUCHON.

Qu'est-ce que tu veux ?

FAVEL.

Je guérirai votre femme. C'est une cure qui vous coûtera mille écus dont j'ai besoin pour acheter des livres et passer mes derniers examens.

TRUCHON.

Tu crois que la médecine...

FAVEL.

Une médecine morale.

TRUCHON.

Comment t'y prendras-tu ?

FAVEL.

Je n'en sais rien encore, mais laissez-moi faire, je vous promets de chasser d'ici ce monsieur Ernest.

TRUCHON.

Prends garde, mon ami, allons doucement ; j'ai le plus grand intérêt à le ménager encore. Les élections ont lieu aujourd'hui dans deux heures, il pourrait d'ici là tourner les électeurs contre moi en leur montrant ma lettre.

FAVEL.

Il ne pourra s'en prendre à vous... c'est moi qui le chasserai.

TRUCHON.

Oui, mais tu es mon parent ; il en voudra à toute la famille.

FAVEL.

Eh bien, qu'est-ce qui vous force à dire que je suis votre parent ? on ne me connaît pas dans le pays. Votre femme ne m'a jamais vu ; elle était absente quand je suis venu ici... ne lui dites

* Truchon, Favel.

pas que vous êtes mon oncle ; présentez-moi comme un ami... Je m'appelle... le vicomte de... Bonœil.

TRUCHON.

AIR : *Qu'il est heureux d'épouser celle.*

Mais je crains qu'un air de famille
Ne révèle la parenté.
Dans ton œil la flamme pétille,
Ton visage a du velouté ;
Ton allure a de la prestance,
L'esprit respire dans tes traits.
Tu vois d'ici la ressemblance...

FAVEL.

On ne s'en doutera jamais.

TRUCHON.

Comment ?

FAVEL.

Vous êtes mieux que moi.

TRUCHON.

Oui, plus distingué.

FAVEL, *à part.*

Les gens maigres ont la rage de se croire distingués.

TRUCHON.

Enfin, si tu réussis, je te prêterai mille écus.

FAVEL.

Prêter ou donner... ça revient au même.

TRUCHON.

Je cours trouver ta tante ; je te l'envoie ici, adroitement, sans la prévenir.

FAVEL.

Allez, et apprêtez votre argent.

ENSEMBLE.

AIR : *Ah ! bien long-temps je rirai.* (Langeli.)

FAVEL.

Mon projet réussira,
J'en ai l'assurance,
Et mon oncle me paiera
Cette somme-là.

TRUCHON.

Son projet réussira,
J'en ai l'assurance,
Et mon neveu gagnera,
Cette somme-là.

Truchon sort par la droite, du côté où est sortie Marianne.

~~~~~~~~~~~~~~~~~~~~~~~~~~~~~~~

SCÈNE IV.

FAVEL, *seul.*

Ma foi ! je vais tenter l'aventure ; c'est une occasion sur laquelle je ne comptais pas... Je cherchais, en venant ici, le moyen de faire un emprunt à mon oncle ; il me l'offre, je le saisis. J'ai absolument besoin de cet argent ; ce n'est pas précisément dans l'intérêt de la science... avant de subir les derniers examens, il faut avoir passé les premiers, ce que je n'ai pas encore fait depuis six ans que j'étudie... Le temps marche si vite ! Voilà la saison des plaisirs, des concerts, des bals, qui va revenir, et j'ai de si beaux projets pour cet hiver !... J'établis mon budget : tant pour les cigar
~~~~~~~~~~~~~~~~~~~~~~~~~~~~~~~

res, tant pour trois costumes de caractère, dont on parlera chez Musard... trois autres déguisements pour Fifine, une grisette adorable, qui fume, qui valse et qui danse... à désarmer la garde municipale... C'est cela, il faut rétablir l'harmonie dans le ménage de mon oncle, écarter un séducteur, et prouver à ma tante qu'elle doit aimer son mari. En thèse générale, la tâche est rude, et dans l'espèce, elle exige furieusement d'éloquence... Il n'est pas beau mon oncle... enfin n'importe. Mais comment m'y prendrai-je? Ah! bonne idée! ce quatrain... oui, oui... (*Il tire son portefeuille et copie le quatrain écrit sur l'album.*) On vient... c'est elle sans doute...

Il remet l'album sur la table et referme son portefeuille.

SCÈNE V.

TRUCHON, FAVEL.

FAVEL.

Est-ce que vous ne l'avez pas rencontrée?

TRUCHON.

Si fait, elle va venir... je lui ai dit qu'elle me retrouverait ici.... c'est toi qu'elle verra... et alors...

FAVEL.

Comptez sur moi.

TRUCHON.

Je te laisse; je vais rejoindre là-bas le neveu du préfet... Il est avec quelques électeurs qui viennent chez moi faire une partie de billard.

FAVEL, *regardant dans le jardin.*

Lequel est M. Ernest? le grand blond?

TRUCHON.

Oui.

FAVEL.

Allez le recevoir, retenez-le... parlez-lui politique, élections, ça l'amusera.

TRUCHON.

Voici ma femme; je me sauve.

Il sort par la droite.

SCÈNE VI.

FAVEL, MARIANNE.

MARIANNE, *chantant.*

Pierre disait à Jeanneton :
Je t'aime mieux que mes moutons.....

(*Voyant Favel.*) Ah!

FAVEL.

Oh! la charmante personne!

MARIANNE, *faisant la révérence.*

Merci, monsieur.

FAVEL.

C'est madame Truchon que j'ai l'honneur de saluer.

MARIANNE.

Oui, monsieur.

FAVEL.

Je n'avais pas encore eu le plaisir de vous voir, et je vous ai reconnue.

MARIANNE.

Tiens, c'est drôle ce que vous me dites là... ça ressemble à une bêtise.

FAVEL.

Je ne pouvais pas me tromper au portrait qu'on m'a fait de vous.

MARIANNE.

Qui donc?

FAVEL.

Votre mari.

MARIANNE.

Lui!... vous le connaissez?

FAVEL.

C'est le plus ancien ami de ma famille... je me suis même habitué à le regarder comme un parent. Vous lui avez peut-être entendu parler de moi, le vicomte de... (*cherchant*) Belœil.

MARIANNE.

Non.

FAVEL.

Dans la lettre qu'il m'a écrite pour m'annoncer son mariage, il m'a fait de vous une description que je croyais exagérée avant de vous avoir vue.

MARIANNE, *faisant la révérence.*

Vous êtes bien honnête.

FAVEL.

Il me disait: « Ma femme a des yeux charmants, un sourire délicieux, une fraîcheur, une... » Je m'arrête, je ne finirais pas si je rapportais tous les détails de cette lettre.

MARIANNE.

Allez toujours.

FAVEL.

Je craindrais de blesser votre modestie.

MARIANNE.

N'ayez pas peur.

FAVEL.

Je ne vous répète pas les expressions brûlantes de son amour... quatre pages écrites sous la dictée du cœur!

MARIANNE.

Vrai? Ma fine, mon cher monsieur, au lieu de tant vous en écrire, il aurait mieux fait de m'en dire seulement la moitié.

FAVEL.

Comment! il ne vous a rien dit?

MARIANNE.

Rien du tout.

FAVEL, *à part.*

J'aurai bien de la peine à rendre mon oncle supportable.

MARIANNE.

Monsieur désire sans doute parler à monsieur Truchon?

FAVEL.

Je ne suis pas pressé. On peut fort bien attendre près d'une femme comme vous.

MARIANNE, *à part.*

Il s'esprime bien ce monsieur. (*Haut.*) Mon mari est là-bas, dans le jardin...

FAVEL, *regardant au fond*.

Eh! mais je ne me trompe pas.. il est avec M. Ernest de Mongiron, le neveu du préfet de ce département.

* Favel, Marianne.

MARIANNE.

Oui... vous le connaissez aussi ?

FAVEL.

Je l'ai vu quelquefois, mais je le connais beaucoup de réputation. (*A part.*) Me voilà sur mon
terrain... !faisons un beau mensonge... (*Haut.*)
Un grand fat !

MARIANNE.

Ah !

FAVEL.

D'une suffisance, dit-on ! il fait la cour à toutes
les femmes.

MARIANNE.

Vraiment ?

FAVEL.

Il paraît qu'il a une formule de déclaration....
une circulaire qu'il adresse à toutes les femmes...
Vous croyez que je plaisante ? c'est la vérité, madame, et je puis vous en donner la preuve... J'ai
sur moi, je crois, une copie de cette circulaire en
vers, adressée par lui à une madame Coquenart,
rue Mouffetard... de qui je la tiens. Voici le quatrain.

Lisant :

Avant de vous connaître, ô mon aimable brune !
Dans la nuit de mon cœur j'errais comme un proscrit ;
Je vous vois, et soudain de cette sombre nuit
Par vos brillants attraits vous devenez la lune.

MARIANNE.

Oh ! la lune !

FAVEL.

Le quatrain vous fait plaisir... je vous le laisse :
c'est une curiosité. Pardon , madame, je vais rejoindre votre mari ; à l'honneur de vous revoir...
(*A part.*) Ça commence bien , j'enfonce Ernest et
je gagnerai mon argent.

Il salue de nouveau et sort.

SCÈNE VII.

MARIANNE, *seule.*

Eh bien , j'en apprends de soignées ! Ce M. Ernest... il ferait la cour à toutes les femmes ! c'est
humiliant, et je me vengerai ! Qu'il vienne maintenant me demander encore à faire mon portrait
sur des... (*cherchant*) des *albons*... comme ils di-
sent.

AIR *de la Fête du village voisin.*

Dans ces *albons*, on met tout' sort' de chose,
Tout peut entrer dans ces magasins-là ;
On voit l' soleil, la lun' et cœtera,
 Des vers, des portraits, de la prose.
  Si ce qu'on m'apprend
  N'est pas faux, vraiment
Être là dedans, par ma foi, m'indispose.
  Car je puis, plus tard,
  M' trouver en regard
 De madam' Mouffetard,
 Qui log' ru' Coquenard,
 Ou madam' Coquenard
 Qui log' ru' Mouffetard.
  Est-ce Coquenard ?

Est-ce Mouffetard ?
Je m'informerai de tout cela plus tard.

Tiens, à propos d'*albons*, v'là le cahier que
M. Ernest m'a donné.

Elle l'ouvre.

SCÈNE VIII.

MARIANNE, ERNEST, *au fond.*

ERNEST, *à part.*

Elle tient l'album... elle lit mes vers ! ne nous
montrons pas d'abord.

MARIANNE, *à elle-même.*

Ah ben , par exemple !

ERNEST.

Elle doit être enchantée !

MARIANNE, *lisant.*

Mot pour mot ! c'est dommage, car c'est joli.

ERNEST, *s'avançant *.*

Elle est ravie... Je vous dérange, peut-être... Je
viens de quitter votre mari... je l'ai laissé avec
quelques voisins et un monsieur que je ne connais
pas... J'ai fait un crochet pour avoir le plaisir de
vous voir quelques instants plus tôt.

MARIANNE.

Il ne fallait pas vous presser.

ERNEST.

Si je suis importun, je me retire... je vous ai in-
terrompue, vous lisiez...

MARIANNE.

Des vers.

ERNEST.

Puis-je vous demander ce que vous en pensez ?

MARIANNE.

Moi ! une paysanne ! je m'y connais pas ; il faut
interroger les dames de Paris.

ERNEST.

Les dames de Paris ?

MARIANNE.

Oui, oui, prenez votre petit air sainte nitouche,
je vous conseille...

ERNEST.

Mais...

MARIANNE.

Je sais tout.

ERNEST.

Quoi ?

MARIANNE.

Madame Coquenard... ou madame Mouffetard...

ERNEST.

Madame Coquenard ? madame Mouffetard ? ex-
pliquez-vous, de grâce !

MARIANNE.

Vous lui avez adressé les mêmes vers.

ERNEST.

Moi ! ce sont les premiers que j'ai faits. (*A part.*)
Ils m'ont donné assez de mal... (*Haut.*) A Paris,
dites-vous ?

MARIANNE.

Oui.

* Ernest, Marianne.

ERNEST.

Je n'y ai jamais été.

MARIANNE.

A d'autres !

ERNEST.

Je vous jure !... Et tenez, madame, ce matin même j'ai reçu une lettre d'un de mes amis, qui depuis un an est à Paris... Il me vante les plaisirs de la capitale, que je ne connais pas, me dit-il, et dont aucun récit ne peut me donner une idée ; il m'engage à aller le rejoindre, à partager sa vie joyeuse, dissipée... (*Lui montrant une lettre.*) Vous voyez, madame, je n'invente pas.

MARIANNE.

Et vous lui avez répondu...

ERNEST.

Que ces plaisirs bruyants ne me tentaient pas... que je voulais rester ici, auprès de... auprès de mon oncle le préfet. On m'a calomnié... Ah ! dites-moi le nom de celui qui s'est permis... (*A part.*) J'espère bien qu'elle ne me le dira pas.

MARIANNE.

Qu'est-ce que vous feriez ?

ERNEST.

J'irais le trouver et je lui demanderais raison de...

MARIANNE.

Une bataille !... il est plus fort que vous... un homme superbe...

ERNEST.

Les armes à la main, je ne le crains pas... Son nom ?

SCÈNE IX.

ERNEST, MARIANNE, FAVEL *et* TRUCHON, *au fond.*

TRUCHON, *à Favel.*

J'en étais sûr ! ils sont ensemble !

FAVEL, *à Truchon.*

Ne faites pas attention, je vous dis que ça va très-bien... ils doivent être déjà brouillés.

ERNEST, *à part*.

Le mari !... et ce monsieur que j'ai vu tout à l'heure. Serait-ce lui qui a cherché à me nuire ?

TRUCHON, *à Ernest.*

Je vous croyais au salon.

ERNEST.

J'ai rencontré madame.

TRUCHON, *montrant Favel.*

Je vous présente un ami, un véritable ami, le vicomte de... de...

FAVEL, *bas, à Truchon.*

Belœil.

TRUCHON, *bas.*

Tu m'avais dit Bonœil. (*Haut.*) Le vicomte de Bonœil. (*A Favel, montrant Ernest.*) Monsieur Ernest de Mongiron, le neveu du préfet... un jeune homme charmant, qui s'intéresse vivement à mon élection. (*Bas, à Favel.*) Comme il regarde ma femme !... (*Haut.*) C'est à lui, à sa recom-

* Ernest, Truchon, Favel, Marianne.

mandation... aux peines qu'il s'est données... que je devrai ma nomination.

Il prend les mains d'Ernest.

MARIANNE, *bas, à Favel.*

Vous êtes un drôle de pistolet, vous ! Vous avez calomnié le neveu du préfet ; il n'a jamais été à Paris, et il n'a jamais fait de vers pour madame Mouffetard ; il m'en a donné la preuve.

FAVEL, *à part.*

Diable ! changeons de batterie... (*Bas, à Truchon.*) Emmenez le jeune homme, ça va mal.

TRUCHON, *effrayé, bas.*

Ça va ?...

FAVEL, *bas.*

Très-mal... Emmenez l'adolescent.

TRUCHON, *à Ernest.*

Vous me devez une revanche, et je venais vous la demander... Voulez-vous rejoindre nos amis dans la salle de billard ?

ERNEST *.

Volontiers... madame, entre nous...

FAVEL, *bas, à Marianne.*

J'ai à vous parler.

MARIANNE, *à part.*

Quelque nouvelle frime. (*Haut, à Ernest.*) Tout à l'heure, monsieur.

FAVEL.

Tout à l'heure, monsieur.

ERNEST, *à part.*

Ce monsieur me déplaît : et je saurai...

TRUCHON, *à Ernest.*

Venez, mon cher protecteur.

ENSEMBLE.

Air : *Jour contrariant.* (Inconsolable.)

Allez,
Allons, sans retard,
Que dans la salle
On s'installe ;
Le jeu de billard
N'est pas un jeu de hasard.

SCÈNE X.

MARIANNE, FAVEL.

MARIANNE.

Voyons, qu'est-ce que vous avez encore à me chanter, vous, avec votre figure de troubadour bien portant?... Venez-vous encore calomnier ce jeune homme ?

FAVEL, *à part.*

Allons !... en avant les grands moyens !... (*Haut, après avoir regardé autour de lui.*) Eh bien, oui, je l'ai calomnié... je savais qu'il n'a jamais été à Paris... Cette dame Coquenard je l'ai inventée !...

MARIANNE, *à part.*

Il paraît que c'est Coquenard et non Mouffetard...

FAVEL.

Mais je savais aussi qu'il vous aime... que vous

* Truchon, Ernest, Favel, Marianne.

le recevez avec plaisir... Le dépit... la jalousie m'ont égaré.

MARIANNE.

La jalousie ?

FAVEL.

Oui, madame, je vous adore... arrachez-moi les yeux si vous voulez...

MARIANNE.

Me prenez-vous pour une chatte ?

FAVEL.

Vingt fois votre mari m'a engagé à venir dans cette maison... mais je vous avais vue, et dès le premier moment la passion, une passion irrésistible... s'empara de moi, me domina... bouleversa mon existence... Je refusai pourtant... je désirais et craignais en même temps de me trouver avec vous, de vivre sous le même toit, de contempler tant de charmes... Ma timidité naturelle l'emporta... je fis à votre mari le sacrifice du bonheur qu'il m'offrait... Mais, caché près d'ici, je vous apercevais tous les jours... la nuit, je m'approchais de cette maison... Vous n'auriez jamais connu mon secret... mais depuis quelques mois, je voyais sans cesse monsieur de Mongiron avec vous, et j'ai voulu vous disputer à un rival... Voilà pourquoi je me suis présenté, pourquoi j'ai cherché à le perdre... Cet aveu vous surprend ; j'ose vous dire que je vous aime, moi que vous ne connaissiez pas il y a une heure ! c'est brusque, j'en conviens, c'est explosif, ça n'est pas préparé. Mais la passion ne prépare pas... elle éclate... elle... Vous riez ?

MARIANNE.

Ma fine ! oui, et de bon cœur ! Comme vous dégoisez ça sans prendre haleine ! vous devez être essoufflé.

FAVEL.

De la raillerie ! oh ! je sais trop ce qui vous l'inspire... c'est la préférence que vous avez pour mon rival. Mais à présent que j'ai parlé, je vous disputerai à lui par tous les moyens.

Il veut lui prendre la main.

MARIANNE, *lui donnant une tape.*

Finissez donc !

FAVEL.

Soins, attentions, prévenances, dévouement, fortune, toute ma fortune ! rien ne me coûtera .. je suis capable de tout... et s'il ne veut pas se retirer devant moi...

MARIANNE.

Eh bien ?

FAVEL.

Je lui chercherai querelle.

MARIANNE, *à part.*

Bon ! lui aussi ! ça ne peut pas manquer !

FAVEL.

Je le provoquerai, je...

MARIANNE.

Je ne veux pas.

FAVEL.

Qu'ai-je entendu ? est-il possible ? vous me défendez d'exposer mes jours ? vous prenez intérêt à moi !... oh ! merci !... merci !...

MARIANNE.

Mais...

FAVEL.

Je vous comprends, pour vous épargner une inquiétude, je ne me battrai pas. Soyez tranquille, ou si je me bats... je le tue.

MARIANNE.

Ah ! bon Dieu !

FAVEL.

On vient ! chut ! qu'on ne se doute pas de notre intelligence.

MARIANNE, *à part.*

Eh bien, il n'est pas gêné ; on dirait que nous sommes d'accord... je ne trouve rien à répondre... Le fait est qu'il est bien aimable... quel bagoût !... il est entraînant !

FAVEL, *à part.*

Tiens ! une idée qui me vient ! Il serait piquant que pour écarter monsieur de Mongiron je prisse sa place.

Il fait des signes d'intelligence à Marianne.

SCÈNE XI.

ERNEST, TRUCHON, FAVEL, MARIANNE.

TRUCHON.

Je suis battu honteusement.

FAVEL, *à part.*

Maladroit !

MARIANNE, *à Truchon.*

Ça vous arrive souvent.

TRUCHON.

C'est vrai. Monsieur de Mongiron a un jeu charmant.

ERNEST.

Oui, je ne joue pas mal.

TRUCHON.

Une justesse, une exécution !... c'est le plus fort de l'arrondissement...

FAVEL, *bas, à Truchon.*

Prenez donc garde : vous faites son éloge devant votre femme.

TRUCHON, *de même.*

Je n'y pensais pas... c'est une bêtise.

FAVEL, *de même.*

Je vais la réparer... ça va bien... ça va très-bien... (*Haut, à Ernest.*) Voulez-vous jouer avec moi, jeune homme ?

ERNEST.

Merci, monsieur. (*A part.*) Décidément cet homme m'est antipathique.

FAVEL.

Ah ! vous avez peur ! je vous rends trois points sur seize.

ERNEST.

Monsieur...

FAVEL.

Quatre.

ERNEST.

Monsieur...

Favel, Marianne.

FAVEL.

Cinq.

ERNEST.

Monsieur...

FAVEL.

Six.

ERNEST.

C'est trop d'amour-propre!... j'accepte... tout de suite, monsieur.

FAVEL.

Tout de suite. (*Bas, à Marianne.*) Il ne doute de rien; tant de fatuité mérite une leçon. (*Haut.*) Venez, venez.

Favel et Ernest entrent dans la salle de billard.

SCÈNE XII.

MARIANNE, TRUCHON.

Marianne, que vous disait-il tout à l'heure?

MARIANNE.

Lequel?

TRUCHON.

Monsieur de Mongiron... je vous ai trouvés ensemble.

MARIANNE.

C'est ça qui vous inquiète?

TRUCHON.

Sans doute.

On entend applaudir dans la salle de billard et crier : *Bravo, bravo.*

FAVEL, *à la porte, mettant du bleu à sa queue.*

Huit à six, c'est moi qui en ai huit... quatre carambolages pour commencer.

Il rentre.

TRUCHON.

Vous paraissiez troublée quand je suis arrivé... monsieur le vicomte de Belœil l'a remarqué.

MARIANNE.

Vous croyez ce qu'il vous dit?

FAVEL, *paraissant à la porte.*

Dix à six, c'est moi qui en ai dix.

Il rentre.

MARIANNE.

Ce monsieur est votre ami?

TRUCHON.

Intime.

MARIANNE.

C'est drôle.

TRUCHON.

Pourquoi?

FAVEL, *à la porte.*

Douze à six, c'est moi qui en ai douze et j'ai gagné sur le coup... Je parie trois louis.

Il rentre.

TRUCHON.

Vous ne m'écoutez pas... Monsieur de Mongiron avait l'air joyeux... il vous a parlé de son amour...

On entend applaudir.

SCÈNE XIII.

MARIANNE, FAVEL, ERNEST, TRUCHON, LES VOISINS.

CHOEUR.

AIR *précédent.*

Allons, sans retard,
Que de la salle
On détale !
A Favel.
Je le dis sans fard,
Vous jouez bien au billard.

MARIANNE, *à part.*

Il est plus fort qu'Ernest !

FAVEL, *à Ernest.*

Vous avez des dispositions... mais vous tenez mal votre queue et vous ne prenez pas assez la bille en tête. (*Bas, à Marianne.*) Il est furieux !

ERNEST, *d'un ton piqué.*

Je vous remercie de vos conseils. (*A Truchon.*) Monsieur votre ami est un professeur...

FAVEL.

Premier amateur de Paris, jeune homme, élève d'Eugène et de Paysan... (*Bas, à Truchon.*) Vous voyez comme je le mène... il est enfoncé !... aplati ! bloqué !

TRUCHON, *bas, à Favel.*

Prends garde de trop l'humilier.

ERNEST, *à Favel* *.

Je vous dois trois louis.

Il tire sa bourse.

FAVEL.

Allons donc ! il y aurait conscience.

MARIANNE, *à part.*

Il est généreux !

ERNEST.

Monsieur...

FAVEL.

Non.

ERNEST.

Je ne veux pas de grâce.

FAVEL.

Gardez votre argent... je double la somme et je vous offre une revanche... Vous avez des armes, Truchon, des pistolets?

TRUCHON, *indiquant la porte à droite.*

Oui, là.

Un des Voisins entre à droite et rapporte une boîte.

FAVEL, *à Ernest.*

Six louis qu'à vingt pas, sur deux balles j'en coupe deux sur la lame d'un couteau. Qui est-ce qui a un couteau à repasser?

MARIANNE, *à part.*

S'il fait ça, par exemple !...

FAVEL, *à Ernest* **.

Tenez-vous le pari?

ERNEST, *à part.*

C'est un nouvel affront que je me prépare peut-être... mais refuser devant elle !

* Marianne, Ernest, Favel, Truchon.
** Marianne, Favel, Ernest, Truchon.

FAVEL.

Eh bien?

ERNEST.

Eh bien, monsieur, je suis à vous.

FAVEL, *bas*, *à Marianne.*

Après cette épreuve il saura à quoi s'en tenir...
et je ne craindrai plus mon rival... Vous êtes
charmante!... (*A Truchon.*) Truchon, venez-vous?
(*Bas.*) Je suis sûr de mon affaire.

TRUCHON, *bas*, *à Favel.*

Allez, allez toujours... je ne veux pas être là,
pour qu'il soit humilié devant moi.

ENSEMBLE.

Air *du Père Trinquefort.*

LE CHŒUR.

Voyons un peu ça.
Oui, pour admirer mon son adresse,
Vite qu'on s'empresse ;
C'est celui-là
Qui gagnera.
   Ernest, Favel et les Voisins disparaissent.

MARIANNE, *à part.*

Ah! que j'ai peur! j'ai le cœur plein d'alarmes!

TRUCHON, *à part.*

Que cet instant est pour moi plein de charmes!

MARIANNE.

Ciel! tout est prêt, ils ont chargé leurs armes.

TRUCHON.

Le premier coup est pour monsieur Bonœil.
          Coup de pistolet.
Ah! peste! quel coup d'œil!
Il a fort bien rempli sa tâche.
Ernest, enflé d'orgueil,
S'apprête...
          Coup de pistolet.

MARIANNE.

Il a manqué l'eustache !...
Mais je pense qu'au second coup
Il l'emportera de beaucoup.

TRUCHON.

Attention ! car les voilà,
Qui recommencent ce jeu-là.
Monsieur Bonœil...
     Coup de pistolet.
          C' n'est pas raté.
Monsieur Ernest...
         Coup de pistolet.

MARIANNE.

Passe à côté !...
  Rentrée de Favel, d'Ernest et des autres[*].

FAVEL, *à Ernest.*

Je suis vainqueur, saluez votre maître.

ERNEST, *bas, lui prenant le bras.*

Mais je prendrai ma revanche peut-être.

MARIANNE, *à part.*

Prévenons tout, ils vont se quereller.
  Bas à Favel, désignant la cantonade.
Dans un instant je voudrais vous parler.

Lorsque trois heures sonneront.

FAVEL, *à part [**].*

Un rendez-vous. (*Bas à Marianne.*) J'y serai...
(*Bas*, *à Truchon.*) Laissez-moi avec M. Ernest.

[*] Marianne, Favel, Ernest, Truchon *derrière.*
[**] Marianne, Favel, Truchon, Ernest.

Reprise du chœur.

C'est lui / Voilà le vainqueur,
Je suis / Et l'autre est tout couvert de honte.
Vive le vicomte !
C'est à lui / moi que revient l'honneur !

SCÈNE XIV.

FAVEL, ERNEST.

ERNEST.

Monsieur Bonœil?

FAVEL.

Mon jeune ami?

ERNEST.

Je vois que la partie ne serait pas égale au pistolet; mais il y a des épées... vous me comprenez...

FAVEL, *regardant autour de lui.*

Est-ce qu'il n'y a pas par là deux badines, deux
bâtons, deux échalas, pour vous montrer comment ça se pratique?

ERNEST.

Monsieur, je n'ai pas besoin...

FAVEL.

Qu'on vous donne des leçons de courage, je n'en
doute pas. (*A moitié moqueur.*) Vous êtes Frran-
çais! Mais je serais fâché de vous tuer.

ERNEST.

Nous verrons.

FAVEL.

O mon Dieu! dans quelques secondes... une,
deux, plus personne !

ERNEST.

Ah ça, vous êtes donc un diable !

FAVEL.

Oui, mais un bon diable, puisque je ne tiens
pas à vous envoyer dans l'autre monde. Et ce que
je vous dis là... ce n'est pas pour vous humilier.

ERNEST.

Vous ne faites que cela depuis que vous êtes
ici. Vous coupez des balles sur la lame d'un couteau, et vous me gagnez au billard.

FAVEL.

Écoutez donc, mon cher, je ne puis pas, pour
vous être agréable, faire fausse queue.

ERNEST.

Et maintenant vous venez me dire que si je tire
l'épée avec vous, je suis un homme mort.

FAVEL.

Enterré.

ERNEST.

Et vous trouvez que tout cela n'est pas humiliant
pour moi...

FAVEL.

Au contraire.

ERNEST.

Comment au contraire ?

FAVEL.

Assurément. Pour bien jouer au billard, bien tirer le pistolet et manier l'épée comme Saint-Georges, il faut n'être bon qu'à ça... il faut être un mauvais sujet comme moi...

ERNEST, *souriant*.

Tenez, monsieur Bonœil...

FAVEL.

Belœil...

ERNEST.

Belœil... Vous êtes, au fond, un bon garçon, je le vois... consentez donc à ne pas briller à mes dépens. J'ai des raisons pour vous demander ça.

FAVEL.

Et si j'en ai pour ne pas vous l'accorder ?

ERNEST.

Vous n'aimez pas, vous, monsieur Belœil ?

FAVEL.

Bonœil, monsieur...

ERNEST.

Pardon... monsieur Bonœil, vous n'aimez pas ?

FAVEL.

Vous faites tort à ma sensibilité... je suis très-sensible... les habitués de la Chaumière vous en diraient des nouvelles.

ERNEST.

Eh bien, brillez à la Chaumière ; mais ici... entre jeunes gens... car vous êtes encore jeune...

FAVEL.

Je m'en flatte, et le beau sexe aussi.

ERNEST.

Eh bien, entre jeunes gens, on peut se faire des confidences... je suis amoureux...

FAVEL.

Il n'y a pas de mal.

ERNEST.

De madame Truchon.

FAVEL.

Voilà où il y en a.

ERNEST.

N'est-elle pas faite pour plaire ? Jeune, fraîche, vive, pétulante !

FAVEL.

Tout ce que vous voudrez, mais elle est mariée !

ERNEST.

Mais elle n'aime pas son mari... il n'est ni beau ni spirituel.

FAVEL.

Un mari n'est forcé d'être ni l'un ni l'autre ; autrement le mariage serait bientôt aboli, et le mariage, jeune homme, c'est comme une monarchie... et je m'étonne que le neveu d'un préfet ne le respecte pas. Oui, monsieur, en cherchant à plaire à une femme mariée, vous faites un acte révolutionnaire ; vous voulez renverser la monarchie Truchon. C'est mal, c'est très-mal. Demandez à monsieur votre oncle le préfet.

ERNEST.

Allons, vous plaisantez... Voyons, monsieur Bonœil...

FAVEL.

Belœil...

ERNEST.

Belœil... si une femme vous avait inspiré une passion, seriez-vous capable d'en triompher ?

FAVEL.

Oui, monsieur, je ne fais même que ça : je triomphe d'une passion par une autre... L'hiver dernier, j'ai triomphé de trois passions de l'hiver précédent par trois passions nouvelles, et cet hiver, je me propose de triompher de la même façon... Et c'est à moi que vous venez parler de triomphes... Allons donc ! on m'a surnommé le grand triomphateur.

ERNEST.

Je vois ce que c'est, monsieur ; vous n'avez pas connu le véritable amour.

FAVEL.

Moi ! je les ai connus tous.

ERNEST.

Non.

FAVEL.

Si. (*A part.*) Je te vois venir, toi...

ERNEST.

Le véritable amour est invincible.

FAVEL.

C'est vrai.

ERNEST.

Vous en convenez ?

FAVEL.

Oui.

ERNEST.

Eh bien, c'est de cet amour-là que j'aime madame Truchon.

FAVEL.

Moi aussi.

ERNEST.

Vous aimez madame Truchon ?

FAVEL.

Je l'adore.

ERNEST.

C'est impossible.

FAVEL.

Tiens ! vous l'adorez bien, vous !

ERNEST.

Alors monsieur, c'est un malheur pour vous, et je dois tout vous dire...

FAVEL, *à part.*

Diable! est-ce que déjà... pauvre oncle Truchon!

ERNEST.

Sachez donc, monsieur, que je suis aimé.

FAVEL.

Moi aussi.

ERNEST.

Vous?

FAVEL.

Moi.

ERNEST.

C'est une calomnie.

FAVEL.

Et si je vous en donne la preuve...

ERNEST.

La preuve? madame Truchon vous voit pour la première fois.

FAVEL.

C'est glorieux, n'est-ce pas, de faire tant d'effet à la première vue.

ERNEST.

Enfin, la preuve!

FAVEL, *à part.*

Puisque j'ai tant fait que de commencer à mentir, continuons pour gagner mon argent. (*Haut.*) La preuve, c'est que dans un tête-à-tête, je lui ai fait ma déclaration... qu'elle a rougi, pâli, qu'elle a failli tomber à la renverse... que je l'ai recueillie dans mes bras, que je lui ai dérobé un baiser... je veux bien dire dérobé!

ERNEST.

Si elle s'est évanouie, c'est que votre témérité l'a indignée.

FAVEL.

Monsieur, je me connais en évanouissements... c'est moi qui viens de faire paraître la Physiologie de la femme qui se trouve mal... Je vous en donnerai un exemplaire.

ERNEST.

Allons, allons, vous me faites des contes. Moi, monsieur, je n'invente pas, je n'imagine pas, et puisque vous me forcez à ne vous rien cacher, je vous dirai que j'ai un rendez-vous.

FAVEL.

Moi aussi.

ERNEST.

Vous?

FAVEL.

Moi.

ERNEST.

Où?

FAVEL, *désignant le fond.*

Là.

ERNEST.

Quand?

FAVEL, *tirant sa montre.*

Dans quelques instants, lorsque trois heures sonneront.

ERNEST.

Vous l'avez rêvé.

FAVEL.

J'étais bien éveillé.

ERNEST.

Ce serait atroce!

FAVEL, *moqueur.*

Vous êtes jeune...

ERNEST.

Me trahir ainsi!

FAVEL.

C'est bien nouveau, n'est-ce pas?

ERNEST.

Mais non, c'est impossible.

Trois heures sonnent.

FAVEL.

Voici l'heure du berger... Voyez si je vous trompe...

ENSEMBLE.

AIR : *du Chevalier du guet.*

ERNEST.

Oui, la voilà,
C'est bien cela.
Hélas! pour lui
Je suis trahi.

FAVEL.

Oui, la voilà,
C'est bien cela.
Mon bon ami,
Je suis chéri.

Il sort.

SCÈNE XV.

ERNEST, *seul.*

Les jambes me manquent! (*Il regarde.*) Le voilà en effet qui aborde madame Truchon; il lui offre son bras... elle l'accepte... ils s'éloignent... Oh! c'est indigne! c'est affreux! c'est impardonnable... ils ont la rage du changement dans ce ménage... la femme est infidèle à ses sentiments comme le mari à ses opinions. Je me vengerai sur Truchon : il ne sera pas nommé député.

PIERRE.

Monsieur de Mongiron, une lettre pour vous de Paris.

ERNEST, *prenant la lettre.*

C'est bien. (*Le domestique sort.*) C'est ce que j'attendais de mon ami le journaliste. (*Il lit.*) « Cher Ernest, voici la lettre de M. Truchon, qu'à » ta prière je veux bien t'envoyer et ne pas in- » sérer dans mon journal. C'est dommage; on au- » rait vu ce que pensait, il y a cinq ans, ce mo- » déré d'aujourd'hui. » (*Parlant.*) Voyons la lettre de M. Truchon. (*Lisant.*) «Paris, le 15 jan-

» vier 1836. Mon cher concitoyen, radical tu m'as
» vu, radical tu me vois, radical tu me verras ;
» voilà mon caractère. Il est bon que les gens de
» cœur donnent l'exemple de la fixité des idées et
» de l'indépendance des opinions. Je donnerai cet
» exemple : tu sais de quel côté je siégerai à la
» Chambre, si jamais je suis député. Amitié et
» fraternité. TRUCHON. » Je n'ai qu'à montrer cette
lettre, et M. Truchon perdra toutes ses voix. C'est
mon devoir, du reste. Les électeurs n'aiment pas
à être représentés par des maris trompés... Ils di-
sent que ça déconsidère la matière électorale.

SCÈNE XVI.

TRUCHON, ERNEST.

TRUCHON.

Ah! vous voilà, cher ami! le moment approche...
les électeurs sont déjà réunis en grand nombre...
J'aurai toutes les voix... ça ne pouvait pas manquer, d'après l'effet produit hier dans l'assemblée
préparatoire par la profession de foi que j'ai prononcée. (*Déclamant.*) Mes chers amis, modéré
vous m'avez vu, modéré vous me voyez, modéré
vous me verrez ; voilà mon caractère. Il est bon
que les gens de prudence donnent l'exemple de
la fixité des idées et de l'indépendance des opinions...

ERNEST, *l'interrompant.*

Vous ne serez pas nommé.

TRUCHON.

Pourquoi?

ERNEST.

Parce qu'on n'est pas digne de veiller sur les
affaires de son pays quand on ne sait pas veiller sur les affaires de son ménage.

TRUCHON.

Mais je ne vois pas...

ERNEST.

Oui, vous ne voyez pas ce qui se passe chez
vous.

TRUCHON.

Qu'y a-t-il, bon Dieu?

ERNEST.

Il y a que votre ami intime monsieur Bonœil...

TRUCHON.

Belœil.

ERNEST.

Belœil... fait la cour à votre femme.

TRUCHON, *à part.*

Lui aussi? (*Haut.*) C'est impossible!

ERNEST.

Il me l'a dit, et je l'ai vu... Et vous comprenez que le pays, au lieu d'appuyer, doit combattre
la candidature d'un homme qu'on peut montrer
au doigt.

TRUCHON.

Mais... je...

ERNEST.

Ce serait encourager le désordre; la France ne
veut pas donner sa confiance à des candidats de
cette catégorie... Je vous demande un peu ce
qu'ils iraient représenter ?

TRUCHON.

Mais...

ERNEST.

Il n'y en a eu qu'un qui est parvenu à se faire
nommer on ne sait pas comment, dans les premiers
temps... quand on n'avait pas l'habitude... et
toutes les autorités ont été destituées.

TRUCHON.

On a bien fait; mais...

ERNEST.

Mon devoir m'ordonne de faire connaître votre
ancienne profession de foi radicale.

TRUCHON, *effrayé.*

Vous venez de la recevoir ?...

ERNEST.

Oui, monsieur, je l'ai là.

TRUCHON.

Mais vous ne la rendrez pas publique...

ERNEST.

A une condition.

TRUCHON.

Laquelle ?

ERNEST.

C'est que vous renverrez à l'instant même cet
indigne monsieur Bonœil.

TRUCHON.

A l'instant même... je ne demande pas mieux...
mais comment faire? la diligence ne part que demain matin...

ERNEST ; *fausse sortie.*

Monsieur, j'ai l'honneur de vous saluer.

TRUCHON.

Attendez donc, je cherche... Ah! est-ce que
vous ne pourriez pas me procurer une voiture de
la préfecture? je payerai les chevaux.

ERNEST.

Dans quelques minutes, la voiture sera à la
grille de votre jardin. Je veux le voir partir moi-
même ; c'est à vous de l'y déterminer.

Il sort.

SCÈNE XVII.

TRUCHON, *seul.*

Soyez tranquille, je vais le chasser... C'est sin-
gulier qu'on tienne tant à ce qu'il n'y ait pas à
la chambre des... il doit y en avoir eu plus d'un,

depuis le temps, et ce n'est pas là le motif qui préoccupe monsieur Ernest. C'est qu'il est amoureux de ma femme et jaloux de Favel... Je ne suis pas sa dupe... Ah ça, mais s'il est jaloux de mon neveu, c'est donc que mon neveu aime sa tante... et il vient me demander mille écus ! c'est peut-être pour acheter des cadeaux et séduire ma femme...

Air : *Adieu, je vous fuis, bois charmant.*

Il s'engageait pour mon argent
A m'en faire une vertu rare ;
Et maintenant il me la prend,
Ce serait un marché bizarre.
Sans rien payer, être dupé,
C'est déjà bien désagréable ;
Mais payer pour être... trompé...
En vérité ! c'est impayable !

SCÈNE XVIII.

FAVEL, TRUCHON.

FAVEL.

Eh bien, Truchon, les mille écus...

TRUCHON.

Viens ici que je te parle... Tu vas me faire le plaisir de partir à l'instant ; une voiture arrivera bientôt à la grille du jardin.

FAVEL.

Partir !... je le veux bien, moi... Alors, donnez-moi mon argent !

TRUCHON.

Ton argent !... Je vais peut-être te payer pour ça ?

FAVEL.

Je l'espère bien.

TRUCHON.

En voilà un qui est curieux !

FAVEL.

Mon oncle, un honnête homme n'a que sa parole.

TRUCHON.

M'avais-tu promis, par hasard, de faire la cour à ma femme ?

FAVEL.

Non, et je vous fais ce cadeau par-dessus le marché.

TRUCHON.

Par-dessus le marché !... N'était-il pas convenu que tu guérirais ma femme de l'amour qu'elle éprouvait pour Ernest ?

FAVEL.

Ah ! c'est lui qui vous a dit...

TRUCHON.

Oui.

FAVEL.

Eh bien ?

TRUCHON.

Eh bien ?

FAVEL.

Eh bien ?

TRUCHON.

Eh bien ?

FAVEL.

Eh bien, vous ne m'admirez pas ? vous ne comprenez pas pourquoi j'ai fait la cour à votre femme ?... Vous ne concevez pas qu'il n'y avait pas d'autre médicament pour la guérir ?

TRUCHON.

Laisse-moi donc tranquille avec ton médicament !

FAVEL.

Truchon, vous n'entendez rien à la médecine ; je vais m'expliquer, vous convaincre !

TRUCHON.

Tu l'espères ?

FAVEL.

J'en suis sûr.

TRUCHON, *ironiquement.*

Eh bien, pardieu, je t'écoute ; je t'écoute, pardieu !

FAVEL.

Suivez-moi bien, Truchon... Savez-vous ce qu'en médecine nous appelons un dérivatif ?

TRUCHON.

Non.

FAVEL.

C'est le moyen de détourner une affection d'une partie de l'économie à une autre.

TRUCHON.

Eh bien, qu'est-ce que ça me fait ?

FAVEL.

Un exemple rendra la chose plus sensible : Vous avez une fièvre cérébrale, je suppose... Qu'est-ce que vous faites ?... Vous détournez le sang de la tête en l'attirant aux intestins.

TRUCHON.

Mais alors vous avez une inflammation d'entrailles.

FAVEL.

C'est bien moins dangereux.

TRUCHON.

Ah ça, te moques-tu de moi par hasard ?

FAVEL.

Cette manière de procéder en médecine, je l'ai ingénieusement appliquée à la circonstance ; je me suis dit : Le cœur de la malade se porte avec violence du côté du jeune Ernest ; hâtons-nous, avant qu'une plus grande sympathie s'établisse, de le détourner d'un autre côté. Alors j'ai employé comme dérivatif toute la grâce de ma désinvolture, tout le charme de mon sourire, toute l'irrésistibilité de ma parole, et en moins d'une heure le cœur de votre femme est venu à moi, je le tiens, je ne le lâche pas, soyez tranquille.

TRUCHON.

Comment, tu ne le lâches pas? Mais si tu ne le lâches pas, tu veux donc le garder?

FAVEL.

Oui, jusqu'à ce que vous soyez nommé député.

TRUCHON, *furieux.*

Eh!... (*S'arrêtant comme s'il commençait à comprendre.*) Eh!...

FAVEL.

Vous avez la tête un peu dure, mais à force d'y cogner... Une fois que vous êtes nommé, vous n'avez plus à ménager le neveu du préfet, et vous le flanquez à la porte. Moi, alors, je dis la vérité à votre femme, c'est-à-dire que je ne l'aime pas, que je ne l'ai jamais aimée, et que c'est tout bonnement une comédie que j'ai jouée pour assurer votre élection, préserver votre honneur, et empocher mille écus pour faire cet hiver noces et festins.

TRUCHON, *enchanté.*

Viens dans mes bras!... Que d'esprit!... Ah! tu es bien de la famille!

FAVEL.

Eh bien, est-on content?

TRUCHON.

Content!... Je suis enchanté, émerveillé, enthousiasmé. Vive la charte!

FAVEL.

A la bonne heure!

TRUCHON.

Et tu appelles ça?

FAVEL.

Un dérivatif.

TRUCHON, *riant.*

Un dérivatif!... Répète-moi ça.

FAVEL.

Un dérivatif.

TRUCHON, *riant.*

Drôle de corps! ah! ah! ah! mais, mon cher ami ami, tu vas me faire le plaisir de partir.

FAVEL.

Ah ça, vous avez donc encore peur de moi?

TRUCHON.

Non; mais voilà ma position : monsieur Ernest vient de recevoir cette maudite profession de foi radicale dont je t'ai parlé, tu sais; et il me menace, le scélérat! de la communiquer aux électeurs si je ne te renvoie pas à l'instant. Tiens, la voiture est là qui t'attend à la grille. C'est lui-même qui me l'a procurée... il veut te voir partir.

FAVEL.

O mon Dieu! je veux bien partir, moi... mais si je pars...

TRUCHON.

Eh bien, je serai nommé.

FAVEL.

Oui, mais vous serez...

TRUCHON.

Tu viens de me dire que ma femme n'aimait plus Ernest. Tu n'as donc pas dérivé?

FAVEL.

Dérivé, dérivé... sans doute, j'ai dérivé... mais autant qu'on peut dériver dans une heure. Il est donc essentiel que je reste encore ici.

TRUCHON.

Mais si tu restes, je ne serai pas nommé.

FAVEL.

Oui, mais vous ne serez pas... c'est à vous de choisir.

TRUCHON.

C'est bien embarrassant... ma foi, je me décide... l'intérêt du pays l'emporte : tu partiras.

FAVEL.

Vous êtes, mon oncle, un bien grand citoyen!

TRUCHON.

Qu'est-ce que je veux, moi? gagner du temps, rien qu'une demi-heure pour être nommé. Après quoi je n'ai plus à ménager monsieur Ernest, et comme tu disais je le mets immédiatement à la porte. Que diable! tu ne penses pas qu'Ernest, dans une demi-heure, puisse reprendre tous ses avantages sur le cœur de ma femme... autrement tu me donnerais une bien triste idée de ton dérivatif.

FAVEL.

Comme vous voudrez, c'est votre affaire. Donnez-moi mes mille écus.

TRUCHON.

Voici un bon sur mon banquier, à deux pas d'ici, dans la rue Verte. Va toucher ton argent, je me rends aux élections. Tu me diras adieu en passant.

FAVEL.

Allons, bonne chance, mon oncle... mais n'oubliez pas de mettre Ernest à la porte immédiatement après votre nomination... Je ne suis pas un charlatan, moi, c'est tout au plus si l'effet de mon dérivatif peut durer encore trois quarts d'heure.

Il sort.

SCÈNE XIX.

TRUCHON, *puis* MARIANNE.

TRUCHON, *se frottant les mains.*

Ah! je suis content! tout marche au gré de mes désirs et je n'ai plus aucune inquiétude!

MARIANNE, *dans la coulisse.*

Monsieur Truchon! monsieur Truchon!

TRUCHON.

Ma femme?... que veut-elle?

MARIANNE, *paraissant.*

Qu'est-ce que vous faites donc là? les électeurs sont réunis; ils font un tapage d'enfer... ils braillent... on n'attend plus que vous... on vous demande.

TRUCHON.

J'y vais; mais avant, j'ai deux mots à vous dire.

MARIANNE.

Dépêchez-vous, lambin.

TRUCHON.

Défaites-vous de ces façons de parler. Ma nomination est assurée, et j'ai résolu de vous emmener avec moi à Paris.

MARIANNE.

Tiens! vous aviez dit dans tout le pays que vous me laisseriez ici.

TRUCHON.

J'ai changé d'idée.

MARIANNE.

Vous ne faites pas autre chose... mais...

TRUCHON.

Il n'y a pas de mais. Vous ferez vos apprêts; nous partirons demain, je le veux!

ENSEMBLE.

AIR : *Ah! j'étouffe de colère!* (Manche à manche.)

MARIANNE.

Monsieur, c'est insupportable!
Traiter de cett' façon-là
Une femme jeune, aimable...
On n'a jamais vu cela.

TRUCHON.

Vraiment c'est insupportable
Que cette conduite-là!
Forcer un époux aimable
A parler sur ce ton-là!

TRUCHON.

De mon humeur je m'écarte ;
Écrivez sur votre album,
Dès demain il faut qu'on parte,
C'est là mon ultimatum !

REPRISE DE L'ENSEMBLE.

Truchon sort.

~~~~~~

SCÈNE XX.

MARIANNE, *puis* ERNEST.

MARIANNE.

Son *ultimatum!*... Eh bien, ne vous gênez pas. Sont-ils despotes, ces hommes, quand ils sont candidats!

ERNEST, *entrant, à part.*

La voilà!... Truchon se rend aux élections... monsieur Bonœil, que j'ai rencontré, m'a dit qu'il allait partir... d'ici je le verrai monter en voiture... il faut que j'aie une explication avec Marianne. (*Haut.*) Madame...

MARIANNE, *se retournant.*

Tiens! comme vous avez l'air pincé, vous!

ERNEST.

Soyez franche avec moi, madame... monsieur Bonœil vous a fait la cour, je le sais... vous avez consenti à l'entendre... à accepter son bras.

MARIANNE.

Vous êtes donc un mouchard, vous?

ERNEST.

C'est que je vous aime et que je suis jaloux. Et ce rendez-vous que vous lui avez accordé...

MARIANNE.

C'était pour le calmer... sans ça il vous aurait cherché querelle... et pis, vous êtes toujours à me faire des signes... un vrai télégraphe, quoi!... il s'est douté que vous m'aimiez; j'ai eu peur qu'il ne fît des cancans, et pour lui prouver que mon cœur était libre, je lui ai laissé croire qu'il pouvait en disposer.

ERNEST.

Il serait vrai!

MARIANNE.

Vrai, comme je m'appelle Marianne Brisemiche, femme Truchon.

ERNEST.

Que je suis heureux !

MARIANNE.

N'ayez pas peur, monsieur Ernest ; je penserai toujours à vous ; je ne suis pas de celles qui oublient pendant l'absence.

ERNEST.

Vous allez vous absenter?

MARIANNE.

Truchon va être nommé député, il veut que je parte avec lui demain pour Paris.

ERNEST.

Comment?

MARIANNE.

Il le veut... c'est son ultimat... bat... ultibaton.

ERNEST.

Et vous consentirez ?

MARIANNE.

Dam!... que voulez-vous que je fasse?... il est mon chef.

ERNEST, *à part.*

Et monsieur Bonœil que je fais partir pour Paris! (*Appelant.*) Pierre !

MARIANNE.

Qu'est-ce que vous voulez ?

ERNEST.

Pierre! (*Pierre entre. Ernest lui remet la profession de foi de Truchon et lui parle à l'oreille.*) Vite... vite.

Pierre sort.
~~~~~~

MARIANNE.

Qu'est-ce que vous avez donc? vous êtes tout sens dessus dessous.

ERNEST.

Non, je suis rassuré... nous continuerons à nous voir.

MARIANNE, *à part.*

Est-ce qu'il veut venir à Paris?

ERNEST.

Je pourrai toujours vous dire que je vous aime, vous me l'avez permis.

MARIANNE.

Oui, mais en tout bien tout honneur!... c'est bien convenu... sans ça je vous aurais dit de filer... je veux pas faire de traits à Truchon. Pauvre cher homme, va !

ERNEST.

Oh! vous n'aurez jamais à vous plaindre de moi... Qu'est-ce que je désire ?... vous contempler avec amour... vous prendre quelquefois la main, me promener avec vous, tomber à vos pieds pour vous jurer une fidélité éternelle.

AIR *de Marguerite* (de la Tirelire).

ERNEST.

Lorsque marchant sous le feuillage
Et suivant le cours d'un ruisseau,
Votre esprit n'est pas sans nuage
Même par le temps le plus beau ,
Peut-être votre cœur désire
Un bonheur mal défini...

MARIANNE.

Peut-être non; peut-être oui.

ERNEST.

Et que veut-il? parlez.

MARIANNE.

J' n' puis dire...

ERNEST.

C'est un ami qui vous admire ?...

MARIANNE.

Oui, ça s' peut bien ; j' pense souvent
A cet honnête sentiment. (*bis*)

ERNEST.

Livrez-vous y donc franchement.

Il se met à genoux.

SCÈNE XXI.

ERNEST, MARIANNE, TRUCHON, FAVEL.

TRUCHON, *à Favel, qui le soutient.*

C'est une infamie!... envoyer ma profession de foi!...

FAVEL.

C'est un petit malheur... Vous n'êtes pas nommé député, mais au moins votre femme ne vous trompera pas...

TRUCHON, *voyant Ernest et sa femme.*

Mais si...tiens!... regarde!...

Ernest se lève.

MARIANNE, *à Truchon.*

Vous voilà! Eh bien , l'êtes-vous?

TRUCHON, *à Ernest.*

Monsieur, vous êtes un drôle!

ERNEST.

Monsieur...

TRUCHON.

Oui, monsieur, un drôle... j'avais toutes les voix pour être nommé, et grâce à votre perfidie, il n'y en a eu qu'une pour me flanquer à la porte... On a hurlé... on m'a hué... on m'a bousculé... et j'allais m'évanouir dans la rue, lorsque monsieur en passant m'a ramassé.

ERNEST.

Mais permettez, monsieur...

TRUCHON.

Ah! je connais maintenant vos opinions et vos principes. Ah! vous ne voulez pas qu'il y ait à la chambre des maris trompés, et vous empêchez l'élection de ceux dont vous courtisez les femmes!

FAVEL.

Ça me paraît assez logique, à moi.

TRUCHON.

Monsieur, je vous prie de ne plus remettre les pieds dans ma maison.

MARIANNE.

C'était un jeu, un badinage... Et vous qui m'aviez tant recommandé les égards pour le neveu d'un préfet...

TRUCHON.

Un préfet! je me fiche pas mal des préfets! je suis indépendant, moi. J'ai hésité un instant, mais je reviens à mes premières idées... ce sont les meilleures. Radical j'ai été, radical je suis, radical je serai. Voilà mon caractère! et je vais faire une belle opposition dans le conseil municipal.

FAVEL.

Mon oncle, calmez-vous, vous me faites mal.

TRUCHON, *bas.*

Que je me calme, quand je ne suis pas nommé! quand je trouve un amant aux pieds de ma femme! quand je t'ai donné mille écus pour ton dérivatif! Ça m'a bien servi ton dérivatif!

FAVEL, *bas.*

Je l'emploierai encore auprès de votre femme, pour lui faire oublier Ernest, et il ne vous en coûtera pas un sou de plus.

TRUCHON, *donnant la main à Favel.*

Merci! (*A Ernest.*) Eh bien, monsieur, vous êtes encore là ! je vous ai dit de sortir.

ERNEST.

Je sors, monsieur. (*Bas, à Marianne.*)Vous ne partez pas, nous nous reverrons.

Il sort.

SCÈNE XXII.

TRUCHON, MARIANNE, FAVEL.

TRUCHON, *regardant sortir Ernest.*

Jeune Tartuffe * !... (*A Marianne.*) Vous espérez peut-être le voir... vous pensez que parce que je ne suis pas nommé député, que je resterai dans le pays... Je vais m'établir à Paris, et nous partons à l'instant même... La voiture est à la grille, les chevaux sont attelés... donnez le bras à monsieur...

MARIANNE.

A monsieur Bonœil... un étranger...

TRUCHON.

Ce n'est pas un étranger... c'est Favel, mon neveu à la mode de Bretagne.

MARIANNE.

La mode de Bretagne? quelle est cette mode-là?...

TRUCHON.

Un brave jeune homme... un homme d'esprit, un garçon distingué... un grand médecin.

FAVEL, *bas.*

C'est bien ! Faites mon éloge... dérivez... dérivez toujours...

MARIANNE.

Vous avez dit hier vous-même que c'était un mauvais sujet, un âne, qui ne savait pas un mot de médecine.

TRUCHON.

Il l'a apprise depuis... c'est un savant, vous dis-je... un bon parent... un excellent ami... il s'est dévoué pour moi... il vous a fait la cour... mais il ne vous aime pas.

FAVEL, *à part.*

Ah ça, mais il ne dérive plus, mon oncle **.

* Marianne, Truchon, Favel.

** Favel, Marianne, Truchon.

TRUCHON.

Non, madame , il ne vous aime pas.

FAVEL, *bas, à Marianne.*

Je vous aime.

TRUCHON.

Il vous trouve sotte.

FAVEL, *bas.*

Spirituelle.

TRUCHON.

Commune.

FAVEL, *bas.*

Distinguée.

TRUCHON.

Et pas jolie.

FAVEL, *bas.*

Charmante !

MARIANNE, *à part.*

Mon neveu est un brigand !

On entend le fouet du postillon

TRUCHON.

Madame, les chevaux piaffent... nous allons partir... donnez-lui le bras.

MARIANNE.

Vous le voulez?

TRUCHON.

Je l'ordonne, je veux être obéi... et je le serai.

FAVEL, *prenant le bras de Marianne.*

Vous l'êtes.

CHŒUR FINAL.

Air : *Lorsque l'on va*   (Jolie fille du faubourg).

Allons, vite à Paris,
Le plaisir nous convie ;
C'est le séjour des ris
Et des heureux maris.
Pays récréatif
Où la mélancolie,
Dans un bonheur très-vif
Trouve un dérivatif.

S'adresser pour la musique de cet ouvrage et pour la mise en scène,
à **M. TARANNE**, bibliothécaire du théâtre du Vaudeville.

PARIS. — IMPRIMERIE DE Vᵉ DONDEY-DUPRÉ,
rue Saint-Louis, 46.

CATALOGUE

DES

Tableaux Anciens

PAR

Alexis Belle, Desportes, Rigaud, C. Van Loo,
P. de Vos, etc.

OBJETS D'ART

Provenant du Château d'Étiolles

ANCIEN CHATEAU DE LA MARQUISE DE POMPADOUR

ET DONT LA VENTE AURA LIEU A PARIS, PAR SUITE DE DÉCÈS

HOTEL DROUOT, SALLE N° 2

LE MERCREDI 26 MAI 1909, A TROIS HEURES

COMMISSAIRES-PRISEURS

Me HÉMARD
51, rue Lafayette

Me E. PETIT
25, rue Coquillière

EXPERTS

Pour les Tableaux :
M. J. FÉRAL
7, rue Saint-Georges

Pour les Objets d'art :
MM. MANNHEIM
7, rue Saint-Georges

EXPOSITION PUBLIQUE

Le Mardi 25 Mai 1909, de 2 heures à 6 heures

CONDITIONS DE LA VENTE

Elle sera faite expressément au comptant.

Les adjudicataires paieront *dix pour cent* en sus des enchères.

L'exposition mettant le public à même de se rendre compte de l'état et de la nature des objets, aucune réclamation ne sera admise une fois l'adjudication prononcée.

Paris — Imp. de l'Art, Ch. Berger 41 rue de la Victoire.

DÉSIGNATION

TABLEAUX ANCIENS

BELLE
(ALEXIS-SIMON)
Paris, 1674-1734

1 — *Portraits présumés de la duchesse d'Étampes et de son fils.*

Assise sur un rocher au bord de la mer, la princesse est vêtue d'une robe de brocart blanc sur fond rose, avec écharpe bleue.

A droite, son fils représenté en Bacchus, montre d'un geste un bateau voguant à l'horizon.

Toile. Haut., 1 m. 47 cent.; larg., 1 m. 13 cent.

CHAMPAIGNE

(Attribué à PHILIPPE DE)

2 — *Portrait d'Anne d'Autriche.*

Vêtue de noir, un voile de gaze fixé sur ses cheveux blonds bouclés, elle est assise sur une terrasse, la main droite tenant une montre et appuyée sur une table couverte d'une housse de satin jaune.

Un rideau, relevé sur le fond, laisse apercevoir la campagne.

Toile. Haut., 1 m. 15 cent.; larg., 90 cent.

DESPORTES

(FRANÇOIS)

Champigneul, 1661-1743

3 — *La Terrasse.*

Un perroquet ara bleu est posé sur une balustrade de pierre entre un vase de fleurs et une corbeille de fruits; un tapis vert est drapé sur la balustrade qui est ornée à gauche d'un rosier grimpant. Sur une petite table de laque rouge, on a préparé une cafetière d'argent, un sucrier et des tasses en porcelaine de l'Inde.

Fond de parc.

Toile cintrée dans la partie supérieure.

Haut., 2 m. 30 cent.; larg., 1 m. 62 cent.

RIGAUD

(HYACINTHE)

Perpignan, 1659-1743

4 — *Portrait de la duchesse de Nemours.*

Assise dans un fauteuil, tournée de trois quarts vers la droite, la main gauche appuyée sur la couronne royale posée sur un coussin de velours rouge, elle est vêtue de noir, un fichu de soie sur ses cheveux blancs relevés et bouclés, une guimpe de guipure ornant son corsage de velours. Sa longue jupe de satin est drapée sur le bras du fauteuil; un rideau rouge doublé de brocart jaune est tendu sur un fond de colonnade.

Gravé par PIERRE DREVET, en 1707.

Toile. Haut., 1 m. 45 cent.; larg., 1 m. 14 cent.

Cadre en bois sculpté.

VAN LOO

(CARLE)

Nice, 1705-1765

5 — *Portrait de Louis XV.*

Debout, en armure, couvert du manteau fleurdelisé, le grand collier bleu et l'ordre de la Toison d'or sur la poitrine, la main droite sur la hanche, il appuie l'autre main sur un casque empanaché, posé sur une table couverte d'un tapis rouge. Des rideaux jaunes et verts sont drapés sur le fond.

Toile. Haut., 2 m. 68 cent.; larg., 1 m. 82 cent.

VOS

(PAUL DE)

Hulst, 1590-1678

6 — *Chiens et sangliers.*

Une meute de chiens entoure un sanglier à l'hallali ; l'un d'eux, monté sur le dos de l'animal, le mord à l'échine.

Dans le fond, un cours d'eau traverse un paysage boisé.

Toile. Haut., 1 m. 80 cent.; larg., 3 m. 10 cent.

ÉCOLE FRANÇAISE

(xviiᵉ siècle)

7 — *Portrait présumé de Mᵐᵉ de Pompadour.*

Assise dans une barque décorée de bronzes dorés, les cheveux poudrés tombant en boucles sur l'épaule, vêtue d'une robe jaune pâle bordée de dentelle.

Toile. Haut., 92 cent.; larg., 72 cent.

8 — Une gravure de Pierre DREVET : *Portrait de la duchesse de Nemours,* d'après H. RIGAUD.

OBJETS VARIÉS

9 — Deux grosses potiches avec couvercles, à décor de rinceaux sur fond vert. Porcelaine de Chine.

10 — Deux autres variées à fleurs sur fond bleu. Même porcelaine.

11 — Jonque chinoise en ivoire.

12 — Deux grands candélabres en émail cloisonné de la Chine, à décor de fleurs et feuilles sur fond rouge. Bouquets de lumières en bronze.

13 — Grand brûle-parfum en émail cloisonné de la Chine, avec couvercle partiellement ajouré, anses surélevées et pieds à têtes chimériques. Décor de rinceaux et attributs sur fond bleu.

14 — Deux grandes aiguières avec couvercles en cuivre, à décor de godrons.

15 — Deux grandes aiguières en bronze, ornées de jeux d'enfants.

16 — Surtout de table en bronze doré et cristal bleu et incolore, comprenant : candélabre, trois plateaux à fond de glace, huit grandes coupes, deux flambeaux et de nombreuses autres pièces, confituriers, compotiers, etc.